DWY DDRAMA HA HA! 5

RHIWBOB a
LLE BO CAMP BYDD RHEMP

Argraffiad cyntaf: 2021
Hawlfraint: yr awduron

Cedwir pob hawl.
Ni chaniateir atgynhyrchu unrhyw ran o'r cyhoeddiad hwn,
na'i gadw mewn cyfundrefn adferadwy, na'i drosglwyddo mewn
unrhyw ddull na thrwy unrhyw gyfrwng, electronig, electrostatig, tâp magnetig,
mecanyddol, ffotogopïo, recordio, nac fel arall.
Mae'r awduron yn rhoi caniatâd i bob cwmni drama cymdeithasol i berfformio'r
dramâu hyn fel rhan o nosweithiau a chystadlaethau a gwyliau drama.
Nid oes rhaid cysylltu â'r awduron i sicrhau'r caniatâd hwnnw ac ni chodir
tâl perfformio am y cynyrchiadau hynny.

Rhif Llyfr Safonol Rhyngwladol: 978-1-84524-411-8

Cynllun clawr a dylunio: Eirian Evans

Cyhoeddir gan bwyllgor Gŵyl Ddrama'r Odyn
gyda chymorth Cronfa Fferm Wynt Coedwig Clocaenog
a nawdd Gwasg Carreg Gwalch, Llanrwst

Yr Odyn, papur bro Nant Conwy, oedd y papur bro cyntaf i gynnal Gŵyl Ddrama flynyddol er mwyn codi arian at gynnal y papur. Cynhaliwyd y gyntaf yn 1978 ac o'r dechrau un daeth doniau a miri cymdeithasol yr ŵyl yn rhan o galendr blynyddol yr ardal. Mae'r ŵyl yn dal i gael ei chynnal yn flynyddol – er bod cyfnod clo'r pandemig diweddar wedi golygu gohirio'r ŵyl ddiweddaraf. Mae'r ŵyl hon yn anad yr un arall felly yn ymwybodol o'r angen am fwy o ddramâu cymdeithasol i gadw'r math hwn o ddiwylliant yn fyw yn ein cymunedau. Dyna pam yr aeth y pwyllgor ati i gasglu dwsin o ddramâu defnyddiol at ei gilydd a threfnu'r nawdd fel bod modd adfer y math hwn o fwrlwm theatrig a oedd yn rhan o ddiwylliant Cymru yn y gorffennol.

Cynllun y clawr wedi'i godi o lun Clwb Ffermwyr Ifanc Pontsiân yn perfformio'r ddrama 'Oli', sy'n rhan o'r gyfres hon, gan Carwyn Blayney, Cennydd Jones ac Endaf Griffiths a ddaeth yn fuddugol yng Ngwledd Adloniant C.Ff.I. Cymru yn Galeri, Caernarfon, ym mis Chwefror 2020.
YN Y LLUN: *(o'r chwith)* Cennydd Jones, Carwyn Blayney, Glesni Mai Thomas, Gwion Ifan, Siriol Teifi ac Endaf Griffiths

RHIWBOB

Comedi un act

gan

Peter Hughes Griffiths

RHIWBOB

GOLYGFA:

Ystafell fyw Enoc a Lisi Huws. Mae pentwr o focsys tabledi a photeli moddion ar y bwrdd yng nghanol yr ystafell, ynghyd â dodrefn arferol ystafell fyw gyffredin. Mae Enoc yn gymeriad ansicr ac ofnus a Lisi ei wraig yn feistres ar y cartref.

CYMERIADAU:

Enoc	gŵr y tŷ
Lisi	gwraig y tŷ
Mildred (Mili)	y ferch
Mrs Morgan	gwraig drws nesaf
Marsden Humphreys	doctor/swyddog iechyd
Jaco Thomas	darpar gymar Mili
Mr Morgan	gŵr drws nesaf

ENOC: (yn eistedd wrth y bwrdd ac yn trafod yr holl focsys pils a'i wraig yn dod fewn) Bydd rhaid i fi fynd i weld y doctor 'to. Dyw'r pils 'pick me up' 'ma yn neud dim byd i fi. Wi'n dala i deimlo mor wan.

LISI: (gyda fawr o gydymdeimlad - trwy'r amser!) Ti'n iawn. Tase ti'n bregethwr – weden i y byddet ti rhy wan i godi testun dy bregeth, a 'dyw'r pils 'pick you up' 'na werth dim. Yr unig 'pick you up' ma nhw'n gallu neud yw ca'l ti mas o'r gwely 'biti amser cino bob dydd!

ENOC: A ma'n nyrfs i'n rhacs 'fyd – a wi off y mwyd – a wi'n ca'l pwle o meigrein – a 'wi'n mynd i'r tŷ bach bob hanner awr. Heblaw am hynny 'wi'n OK!

LISI: Wrth gwrs bo ti'n OK. A cofia paid gadel i'r dyn drws nesa 'na dy ga'l di lawr.

ENOC: Ond, mae ofon e arna i – na pam wi'n nyrfys rec. Edrych – wi'n crynu i gyd. (dal ei fraich mas i ddangos) A wi ffili cysgu'r nos.

LISI: Ro ti'n hwrni neithwr ta beth.

ENOC: Dim hwrni o'n i'n neud ond breuddwydo bod Morgans drws nesa yn rhedeg ar yn ôl i – a cadw sŵn ac ochen o'n i'n neud achos bo fe wedi nala i. (daw Mildred – Mili – y ferch i mewn. Nid oes golwg rhy lewyrchus arni – braidd yn flêr ac yn gwisgo'n hen ffasiwn!)

MILI: Y 'post slip' melyn ma wedi ei stico ar y drws ffrynt heddi 'to. (rhoi e i'w thad) I chi ma fe 'to nhad.

ENOC: Hwn yw'r degfed slip iddo stico ar ein drws ffrynt ni yr wthnos hon. Ma Morgans drws nesa off 'i ben. Ddo, halodd e hwn ata i. (codi slip melyn o'r bwrdd) "Pryd ych chi'n symud y dom ceffyle 'na?" A heddi – " Wi wedi'ch riporto chi i'r cownsil."

MILI: A wi'n cytuno gyda fe. Allwch chi ddim gadel llwyth o ddom ceffyle am wthnos ar y pafin tu fas i'n tŷ ni a drws nesa. A ma fe'n stincan.

ENOC: Ond wi'n mynd a rhofied fach i roi ar y rhiwbob yn yr ardd yn y bac bob dydd.

LISI: Ond, ma'r rhiwbob gyferbyn â drws y bac drws nesa, a ma'r drewdod gyda nhw yn y bac a'r ffrynt.

ENOC: Dom ceffyle yw'r peth gore gallwch chi ga'l i dyfu rhiwbob. A ni gyd yn lico tarten rhiwbob, a bydd coese hir a choch neis gyda'n rhiwbob ni 'leni.

LISI: Ond Enoc bach, yn dy gyflwr di – fe fyddi di rhy wan i dynnu'r Rhiwbob!

ENOC: Wel! Y doctor wedodd byse garddo yn helpu i gwlo'n nyrfs i a bydde dim problem oni bai bod y boi drws nesa 'na yn yn ypseto i bob dydd. Wi'n bag o nyrfs!

MILI: Sa i'n gwbod beth ddath dros ych pen chi i brynu llwyth o ddom ceffyle gyda'r dyn 'na ym mart Caerfyrddin. (neu fart arall agos) A talu ugen punt amdano.

ENOC: Ond ges i 'free delivery'!

LISI: A so chi hyd yn o'd yn gwbod o ble ma fe wedi dod.

ENOC: Be sy'n bod arnoch chi fenyw – ni gyd yn gwbod o ble ma fe wedi dod.

LISI: O ble te?

ENOC: (pwyntio at ei bart ôl) O bechingalw'r ceffyl es! Jiw, o'dd dom ceffyle yn werthfawr amser rhyfel pan odd sigaréts mor brin. Wi'n cofio nhad yn smoco 'Churchman's Number One'. Ie, 'Churchmans Number One' o'dd y sigaréts gore pryd hynny, ac yn well na Woodbines a Players, ond odd neb gallu fforddio nhw. A beth nath un o fois y pentre achos bod sigaréts mor ddrud ond rolio sigaréts ei hunan mas o ddom ceffyle a'i smoco nhw. A wi'n cofio nhad yn cwrdd â'r crwt ma a dweud wrtho fe wrth arogli'r mwg ffein. "Jawch, beth ych chi'n smoco – Churchmans Number One?" "Na", mynte'r crwt – "Horses Number Two." Ha! Ha! Ha! (yn chwerthin allan o reolaeth a Lisi a Mili yn edrych arno fe'n syn!)

MILI: (yn grac) Oh! Galla i ddim godde siarad am bethe fel hyn – ych a fi! Wi'n mynd mas i ga'l bach o awyr iach. (mae'n mynd am y drws ac yna'n troi nôl) Ar ôl meddwl – wi'n credu bod hi'n well i fi aros fan hyn. Ma gornod o stinc tu fas.

LISI: (yn mynd ati a siarad yn dyner) Gronda nawr Mili – wyt ti wedi cal bach mwy o lwc gyda'r 'dating agency' na y tro hyn?

ENOC: Do gobeitho, achos cynta gyd gore gyd gei di ŵr weda i. Bydd un menyw yn llai obiti'r lle ma wedyn i'n ypseto i a whare ar yn nyrfs i.

MILI: Wi wedi bod wrthi 'to achos ro'n i mor siomedig yn y rhai diwetha roio nhw i fi gwrdd â nhw.

LISI: Dodd dim ishe iti fod – achos do nhw ddim yn ddigon da iti beth bynnag.

ENOC: Ti'n iawn Lisi. Odd pob un yn mynd ar yn nyrfs i. A ma nyrfs i'n rhacs.

MILI: Wel! Edryches i lan y list ddiweddara sy ar gael ar yr 'Insta Date Line' – a o'dd Cymro Cwmrag 'na – a wi wedi dewis hwnnw fel 'Blind Date'.

ENOC: Shwt un yw e?

MIL : Sa i'n gwbod. 'Na beth yw Blind Date – ma fe jist yn troi lan yn y cyfeiriad chi'n rhoi lawr. Falle alwith e heddi neu fory – sa i'n gwbod.

LISI: Ond, ma'r domen ddrewllyd 'na tu fas.

ENOC: Falle ma ffarmwr fydd e – a ma rheini'n gyfarwydd â dom da a slyri.

LISI: Ac o achos bo chi'n wan a'ch nyrfs chi'n wael falle bydd e'n barod i gario rhofied o'ch 'horse manure' chi i'w roi ar y rhiwbob drosto chi! Ti'n gwbod beth Mili, sa i'n cin ar ffarmwr iti. Sa i'n ffansio rhywun mewn wellingtons a overall werdd a cap ar 'i ben. A weda i beth arall wrtho ti – ar ôl Brexit bydd hi'n capwt ar ffarmo.

ENOC: Ond nhw fotodd i Brexit. A 'na ddiwedd wedyn ar gadw anifeilied.

LISI: A bydd dim dom ceffyle wedyn i ti a dy rhiwbob!

CLOCH Y DRWS

LISI: Cer i weld pwy sy na Mili. (Mili allan) Wi yn gobeitho y bydd Mili'n lwcus gyda'r 'dating agency' 'na y tro hyn.

ENOC: Ond ma ishe iddi binco lan ym bach a gwisgo rhywbeth mwy 'with it'. Ma ishe iti ddisgu hi i roi pâr o lasus ar ei phen yn lle ar 'i llyged a cnoi 'chewing gum' ac i fod yn fwy cŵl a edrych yn fwy cwyrci – a dechre cymryd drygs!!!
(daw Mili yn ôl gyda Mrs Morgan drws nesaf a honno'n dal macyn gwyn dros ei thrwyn a'i cheg)

MILI: Mrs Morgan drws nesa am ga'l gair gyda chi nhad.

MRS MORGAN: (yn siarad trwy ei macyn) Mae'n ddrwg da fi bo fi'n gorfod dod miwn i siarad â chi fel hyn Mr Hughes.

ENOC: Popeth yn iawn Mrs Morgan. Ych chi wedi cal dos o annwyd cas wy'n gweld. Odych trwyn chi'n rhedeg?

MRS MORGAN: Na, na, y drewdod tu fas Mr Huws – ma fe'n biti'n lladd ni. Ma fe wrth ddrws y ffrynt lle chi wedi gadel y llwyth dom ceffyle – ac yn y bac ar ych rhiwbob chi – gyferbyn â drws y bac tŷ ni. Ry' ni fel se ni'n byw nesa at siwrej works Mwmbai yn India 'da'r holl smel.

ENOC: Ond so chi wedi sylwi ar shwt ma'n rhiwbob i wedi gwella Mrs Morgan. Ma coesa coch a dail mowr gwyrdd gyda nhw nawr.

MRS MORGAN: Wi wedi galw i weud wrtho chi bod Mr Morgan y gŵr wedi hala sampl o'r dom ceffyle sy tu fas i Adran Health and Safety y llywodreth ddoe ar ôl iddo weld yn y papur bod dyn o Hinkley Point yn gwerthu'r stwff yn y marts ar hyd a lled Cymru. (gellir defnyddio enw Trawsfynydd neu Yr Wylfa)

ENOC: Sdim ots 'da fi tase fe'n dod o Timbyctŵ achos odd dom ceffyle da gyda fe. Ac os bydd peth dros ben gyda fi wi'n folon gwerthu bwceded neu ddou ichi i roi ar ych rhiwbob chi.

MRS MORGAN: Ffoniodd rhyw ddyn gynne i weud bo nhw'n dishgwl y results ar ôl y testo heddi. (ac yn cerdded allan yn ddiseremoni)

ENOC: Dishgwl y risylts! Jawch, falle bo fe'n ddom ceffyle speshal. Falle alla i neud bach o arian mas o'r dom sy ar ôl os yw e'n werthfawr. Chi'n gwbod be netho nhw â dom Red Rum? Fe fframo nhw hwnnw a ma fe gwerth milodd erbyn hyn.

LISI: Dim ond meddwl am neud arian ych chi Enoc – hyd yn o'd mas o ddom ceffyle. (yn gweiddi braidd) A plîs stopwch siarad am y blwmin dom ceffyle ma a'r blincin rhiwbob 'na. Wi wedi ca'l llond bola. (troi at Mili) Dere i ni ga'l siarad mwy am y 'Blind Date' ma ti'n ddishgwl. Wi'n edrych mlân i weld rhywun mewn siwt deidi a'i shws e'n sheino a'i wyneb e'n lân a crys gwyn. Odi, mae'n bryd iti ga'l rhywun teilwng ohonot ti – a nid hen ffarmwr!

MILI: O diolch Mam. Dyw'r 'agency' hyn ddim yn rhoi llawer o wybodaeth i ni am y 'blind dates' 'ma cofiwch, ond wi wedi gweud bod rhaid iddo siarad Cwmrâg. Ond cofiwch, so ni'n gwbod o ble ma fe'n dod!

ENOC: Wi'n credu y cymra i rhagor o bils – achos wi'n mynd yn fwy nyrfys os oes pobol yn galw. A ma busnes y maniwyr a'r rhiwbob ma yn yn hala i'n wan. Sa i'n gwbod a alla i syrfeifo hyn i gyd. (yn cymryd sawl pilsen gyda gwydraid o ddŵr yn wyllt)

LISI: Wi'n credu yr â i i roi bach o 'fec-yp' arno a newid fy nhop rhag ofon i dy 'new boy friend' di Mili i alw. (troi at Mili sy'n dal i edrych yn ddyran a phlaen iawn) Sa i'n credu bod ishe iti Mili newid achos ti'n edrych yn naturiol neis fel wyt ti.

MILI: Diolch Mam. (Lisi allan) So chi dad yn edrych yn dda iawn gyda llond forded o bils fan hyn o'ch blân chi a fy 'new boy friend' i falle yn galw? Jiw, ma gwerth arian o bils fan hyn (edrych ar forded o bils) Ac i feddwl ych bo chi wedi llyncu gwerth cannodd o bils ers blynydde. Weden i bo chi siŵr o fod yn milioner y tu fiwn ichi!

ENOC: Ond ma rhaid i dy dad gal rhain at y nyrfs a'r stres – yn enwedig gyda dyn drws nesa wedi'n riporto i.

CLOCH Y DRWS

MILI: Pwy sy 'na nawr 'to? (mynd am y drws ond Lisi yn rhedeg nôl i'r ystafell wedi ei chynhyrfu'n lân)

LISI: Ma fe ma! Ma fe wedi dod. Fe weles i e yn dod mas o gar mowr du. Ma fe ma!

ENOC: Be sy'n bod arnot ti? Blind Date Mili yw hwn – nid dy un di.

CLOCH Y DRWS YN CANU ETO

LISI: (yn dal wedi ei chynhyrfu) Pwy sy'n mynd i ateb? (saib) O, fe â i! (Lisi – allan i ateb y drws ffrynt)

ENOC: Ma'r holl ecseitment ma yn codi spid y mhyls i. Wi'n credu y cymra i ddwy Bita Blocers i gwlo fi lawr!

MILI: Odw i'n edrych yn iawn nhad? (ac yn rhoi sbectol lan ar ei phen)

ENOC: Jawch, na welliant. Ti mwy cŵl nawr. (daw Lisi yn ôl gyda'r gŵr bonheddig mewn siwt ac esgidiau yn disgleirio a chrys gwyn – a golygus.)

LISI: A dyma Mr Marsden Humphreys, ac os ca i weud – ma enw mor neis gyda chi – a dyma Milicent y ferch. Hi yw'ch lyci girl chi Mr Humphreys – neu Marsden. Ysgwyda law gyda'r 'gentleman' Milicent. (y ddau yn ysgwyd llaw)

MARSDEN: Mae'n dda gyda fi gwrdd â chi Milicent.

MILI: A finne chithe.

LISI: Wi'n siŵr y byddwch chi'ch dou yn dod mlân fel 'tŷ ar dân' gyda'ch gilydd. A fan hyn wrth y ford ma Enoc y gŵr. Gyda'i bils ma fe'n lico bod!

MARSDEN: Mae'n dda gyda fi gwrdd â chi Mr Huws. (edrych ar y forded o bils) Chi'n rhedeg siop Gemist ych chi?

ENOC: Na, wi wedi bennu gweitho es blynydde. Rhain sy'n cadw fi'n fyw. Chi'n gweld – ma'n nyrfs i yn rhacs a wi'n teimlo mor wan.

MARSDEN: Ma diddirdeb mawr gyda fi mewn afiechydon – a beth sy'n achosi afiechydon – a shwt ma gwella anhwylderau ac epidemics ac yn y blaen.

ENOC: Wel 'na beth od – epidemic sy arna i. Fe fydden i wrth 'y modd yn ecspleino ichi yr epidemic sy arna i – a shwt wi'n teimlo a pam wi ffili cisgu'r nos.

MARSDEN: Grondwch Mr Huws – fe fydden i wrth 'y modd yn gwrando arno chi a chael gwneud deiagnosis arno chi. Ond heddi, wi ma ar fater pwysicach o lawer.

LISI: Wrth gwrs bo chi. Nawr, dowch i ishte fan hyn yn ymyl Milicent ichi ga'l dechre siarad â'ch gilydd.

MILI: Gymrwch chi ddished o de Marsden?

LISI: Ie a darn o sbynj ma Milicent wedi neud. Ma Milicent yn ecsbert ar neud sbynjis.

ENOC: A tarten rhiwbob.

MARSDEN: Wi'n siŵr. Wi'n siŵr. Ond, wi wedi galw .....

LISI: Chi'n cymryd shwgir a llath yn ych te?

MARSDEN: Na, na. Sdim ishe ichi drafferthu.

MILI: A beth yw'ch gwaith chi Marsden?

MARSDEN: Doctor ydw i ac yn edrych ar ôl iechyd pobol.

ENOC: (yn codi yn sydyn o'i gadair ac yn mynd at Marsden) O! Wi mor falch o glywed ma doctor ych chi achos licen i 'second opinion' ar be sy'n bod arna i. A wedyn a o's 'side effects' ar yr holl bils wi'n gymryd.

LISI: Sdim doctor wedi bod yn yn teulu ni eriod! Nag os! Ac os yw Milicent a chi yn lico'ch gily' bydd croeso ichi fyw gyda ni fan hyn ar ôl priodi.

MILI: O Mam! Peidwch gweud pethe felna. Dim ond pum munud sy ers pan y'n ni wedi cwrdd. A falle bod Marsden ddim yn fy lico i beth bynnag.

MARSDEN: Mae'n ddrwg gen i – ond sdim ishe ichi deimlo bod rhaid ichi siarad amdana i jist achos bo fi wedi galw yn ych tŷ chi fel hyn.

LISI: Wel, wi'n credu ych boch chi'ch dau yn siwtoch gily' i'r dim.

ENOC: A chi'n siwto fi i'r dim 'fyd. Fe fydden i wrth 'y modd yng nghanol fy ngwendid fel hyn a'n nyrfs i mor wael – a bod 'doctor in the house' trw'r amser, achos ma ffôn y syrjeri yn engejed trw'r amser pan wi'n ffono. A chi'n gwbod beth – wi'n teimlo lot gwell yn barod achos bod doctor ma. Wi'n credu ma 'its all in the mind' yw bod yn dost!

MARSDEN: (fel pe wedi cael llond bola yn sefyll ar ei draed ac yn dweud yn glir) Plîs grondwch, i fi egluro... Wi wedi galw ma heddi ar fater pwysig....

CLOCH Y DRWS FFRYNT

ENOC: Pwy sy 'na to? Cer i weld Lisi. (Lisi'n mynd i ateb y drws ffrynt) Gobeitho mai nid Morgans drws nesa sy 'na achos falle y ca i relaps – a finne'n dechre teimlo'n well a'n nyrfs i yn fwy stedi achos bod doctor ma. A pryd bydd hi'n gyfleus i chi'n egsamino i doctor achos alla i ddim mynd mlân yn llyncu ugen pilsen bob dydd?

MILI: Byddwch dawel Nhad. Rhowch lonydd i Marsden. Gwedwch wrtha i Marsden – a ble ych chi'n byw?

MARSDEN: Rw i'n byw yn Llandaf, Caerdydd gyda Shan y wraig a tri o blant.

ENOC: (wedi ei gynhyrfu) A beth ych chi'n neud ffor hyn te yn trio mynd mas gyda'n ferch i ar y slei... (daw Lisi nôl gyda dyn eitha brwnt ei olwg yn gwisgo oferôls gwyrdd a wellingtons a cap ar dro ar ei ben)

JACO: Helo ma i gyd. Fi yw Jaco Thomas – a wi wedi dod ar gyfer y 'Blind Date'. Sa i'n byw yn agos, ond ro'n i yn mynd heibo gyda llwyth o rêp i ... (enw fferm leol) a jawch benderfynes i gnoco ar ddrws yr adres ges i gyda'r 'dating agency'. O'n i'n meddwl bydde hi'n beth da i fi jist i introdiwso'n hunan i'r 'lyci ledi' a wedyn trefnu bo ni'n mynd mas gyda'n gily' i swper heno. (troi at Lisi) Chi yw'r lyci ledi?

LISI: Nage. Nage wir – dim fi.

JACO: Jiw, ma lot o fynd a dod tu fas 'na. Odd pump lori cownsil 'na yn clirio tomen o'r pafin tu fas, a o'n i'n gweld nhw'n clirio rhwbeth mas yn bac ych tŷ chi ac yn 'i roi e mewn bags a'i selio fe a'i roi ar y lori.

ENOC: (yn codi ar ei draed) Stopwch nhw – ma nhw'n dwgyn 'y nom ceffyle i!

MARSDEN: Gan bwyll nawr – fe alla i egluro popeth i chi.

LISI: Sa i'n gwbod be sy'n mynd mlân ma. Ma'n nyrfs i yn dechre craco nawr. (troi at Jaco) A fyddech chi'n barod i ail weud be wedoch nawr jist er mwyn iddo fe sinco miwn da fi – pam ichi wedi galw?

JACO: (yn araf) Wi wedi galw achos bod y 'dating agency' wedi dweud wrtha i mai fan hyn mae'r 'attractive unattached lady' yn byw ar gyfer mynd mas i swper heno.

LISI: Ffarmwr ych chi?

JACO: Ie wrth gwrs. Pwy ych chi'n feddwl ydw i – Donald Trump (neu enw lleol) mewn oferôls!

ENOC: So hi'n cîn ar ffarmwrs.

MILI: (yn rhoi ei throed lawr) Sdim ots gyda fi – ma crush gyda fi am ffermwyr. (mynd at Jaco a rhoi ei breichie amdano)

ENOC: (edrych ar Marsden) Weden i bod yr agency wedi neud 'Double Booking'. (troi at Mili) Ma rhaid bo ti'n boblogaidd iawn!

MARSDEN: (yn flin iawn) Dw i ddim ma o dan un 'booking agency'. Reit!! (troi at Enoc) Ac er bo fi'n ddoctor – sdim diddordeb gyda fi yn ych nyrfs chi na'ch rilaps chi na'ch pils chi. Dy chi ddim wedi rhoi cyfle i fi weud wrtho chi pwy ydw i a pam rw i yma.

LISI: Wel! Pwy ych chi te?

MARSDEN: Doctor Marsden Humphreys.

ENOC: Ie, ni'n gwbod hynny!

MARSDEN: Doctor Iechyd a Diogelwch – Health and Safety y Llywodraeth. A does dim diddordeb gyda fi yn eich merch chi chwaith.

ENOC: A beth gythrel rych chi'n neud 'ma te?

MARSDEN: I drafod eich dom ceffyle chi!

ENOC LISI: Beth?

ENOC: A beth sy'n bod ar yn nom ceffyle i?

MARSDEN: Ma fe'n 'contaminated' Mr Huws.

ENOC: All hynny ddim bod achos fe brynes i e ym mart Caerfyrddin (neu fart arall) Ma fe'n jeniwein!

MARSDEN: Do, ond o ble ddâth e?

JACO: Ond ni gyd yn gwbod o ble ma dom y ceffyle'n dod. On'd y'n ni? Ha, Ha, Ha!

MARSDEN: Lwcus bod Mr Morgan drws nesaf wedi anfon sampl i ni i'w desto yn Adran Iechyd a Diogelwch y Llywodraeth ar ôl gweld adroddiad am ddigwyddiad tebyg ym Mhowys. Nid yn unig bo fe'n 'contaminated' ond ma fe hefyd yn 'highly niwclear radioactive' a ma fe'n tocsic! Ma nhw'n cadw ceffyle yn y caeau o gwmpas Gorsaf Niwclear Hinkley Point a ma'r ceffyle wedi bod yn bwyta'r porfa sy'n llawn o 'fall out' o shimneau'r orsaf sy'n wastraff niwclear. Odd rhyw gang wedyn wedi casglu'r dom ceffyle ar y cae yn y nos a dod ag e i orllewin Cymru i'w werthu yn y marts.

ENOC: Beth chi'n weud yw – bod y dom ceffyle sy gyda fi yn werthfawr iawn achos bo fe'n niwclear. Fe ga i brish da gyda chi amdano fe felly?

MARSDEN: Na, na. (troi at Jaco) Fe wedoch chi pan ddethoch chi mewn bod loris y cownsil y tu fas yn clirio'r cwbwl a'i roi mewn bagiau a'i selio nhw. Fe fyddan nhw'n mynd a'r bagiau nawr a'u claddu nhw ar fy orders i a'r llywodraeth. Doctor gwyddoniaeth a iechyd y cyhoedd ydw i Mr Huws a nid doctor nyrfs a pils.

LISI: (troi at Mili) A finne wedi meddwl Mili fach bod dyn mewn siwt yn mynd â ti mas heno. Ond, na fe, ma ffarmwr yn well na dim!

JACO: (wrth Mili) Ni'n dou yn mynd i fynd mas da'n gily' heno am y tro cynta – a mi wisga i siwt dydd Sul i bleso dy fam. A'r wthnos nesa fe â i Carmarthen Farmers (neu rhywle lleol) i brynu wellingtons ac overall werdd a bobl cap i tithe 'fyd iti gal mynd i ffido'r defed a'r moch i fi.

MILI: Oh! Wi'n edrych mlân at hynny.

MARSDEN: (wrth Enoc) 'Na ni te Mr Huws. Ma bois y Cownsil wedi clirio y'ch 'bechingalw' chi i gyd o'r ffrynt ac o'r dam rhiwbob yn y cefn ac mae popeth yn glir ac yn deidi.

ENOC: Ond beth am y'n rhiwbob i. Odi nhw wedi ca'l i 'contamineto'?

MARSDEN: Na. Ry' ni wedi dala popeth cyn iddi ddechre bwrw. A weda i beth wrtho chi – fe dalwn ni fel llywodraeth am fag mowr o ffertileiser iach ichi. Na'r cwbl fydd angen ichi neud bydd sprinclo dwrned fach o'r fertileiser ma bob dydd rownd y rhiwbob a wi'n siŵr gewch chi grop da. Gewch chi e am ddim gyda ni.

CLOCH Y DRWS FFRYNT YN CANU

LISI: Fe a i i weld pwy sy 'na.

ENOC: Jiw. Gobeitho ma dim rhywun arall o'r 'dating agency' i ti Mili sy 'na neu byddi di wedi sgorio 'hat-trick' heddi. Mae'n sioc i fi fod cymint ar dy ôl di.

MILI: Sdim ishe i neb arall redeg ar yn ôl i nawr. Ma Jaco gyda fi – 'gentleman farmer' yw Jaco.

ENOC: Ie a watsha di bod ti'n 'gentle' 'fyd gyda Mili ni. (Lisi yn dod nôl gyda Mr a Mrs Morgan drws nesaf. Ma nhw'n cario anrheg wedi ei bacio yn neis gyda bow lliwgar)

LISI: Mr a Mrs Morgan drws nesa ishe'ch gweld chi Enoc.

ENOC: Ma'n nyrfs i'n rhacs yn barod ar ôl yr holl rigamarôl 'ma. Ond fe â nhw'n rhacs jibiders nawr ar ôl ych gweld chi. Be chi am? Wi'n ofni nad os dom ceffyle ar ôl gyda fi i gynnig ichi!

MR MORGAN: Na, na. Ni wedi galw i ymddiheuro ichi Mr Huws. Ymddiheuro am fod mor gas ichi a'ch poeni chi. Ond, gobeitho bo chi'n deall bod y smel biti'n lladd ni – 'na lwcus bo fi wedi hala sampl mlân i'r Health and Safety i'w desto ar ôl i fi ddarllen am y pethe hyn yn y papur.

MARSDEN: Ie, na'r peth gore allech chi fod wedi wneud Mr Morgan achos fe alle'r rhiwbob fod wedi'ch lladd chi gyd gyda'r dom radio actif.

LISI: A mae'n iawn i ni nawr neud a bita tarten rhiwbob 'te?

ENOC: Achos tarten rhiwbob yw'n ffefret i.

MARSDEN: Odi, mae'n berffeth saff.

MRS MORGAN: A ni wedi dod a anrheg bach ichi Mr Huws.
(cyflwyno'r anrheg i Enoc)

ENOC: Wel, diolch yn fowr iawn ichi.

MRS MORGAN: A ry ni am ichi ei agor e.

LISI: Ie, agor e Enoc. Diolch yn fowr ichi.

MR MORGAN: Rhywbeth ichi roi ar y'ch rhiwbob Mr Huws yn lle'r dom ceffyle! (Enoc yn agor yr anrheg ac yn dal pecyn mawr o 'Birds Custard' fyny o'i flaen – fel bod y gynulleidfa yn ei weld yn glir)

ENOC: Birds Custard!! Chi'n iawn – ma cwstard yn llawer gwell ar rhiwbob na dom ceffyle.

PAWB: Ha – Ha – ha – ha – ha. Da iawn... Cwstard amdani ....

LLEN CYFLYM

Y DIWEDD

LLE BO CAMP BYDD RHEMP

gan

Meinir a Gwion Lynch

Ysgrifennwyd y ddrama hon ar gyfer
Cwmni Drama Gellioedd a'r Groes, Llangwm gyda'r cast canlynol :

Edwin : Gareth Evans
Sharon : Sioned P. Jones
Morus : Eilir Ll. Jones
Nora : Mallt Davies Jones
Jo : Llŷr P. Jones
Wini : Gwennan Williams

LLE BO CAMP BYDD RHEMP

GOLYGFA: Maes pebyll gwledig.

CYMERIADAU:

Edwin	dyn canol oed ffyslyd
Sharon	ei wraig, sydd wedi cael pob math o plastic surgery, gan gynnwys bronnau newydd
Morus	dyn diog
Nora	ei gariad, un weithgar
Jo	tramp tlawd
Wini	mam Morus

ACT 1

Pabell wedi cael ei chodi ar un ochor i'r llwyfan. Heb fod ymhell oddi wrthi, ar ganol y llwyfan, mae papell portaloo. Ar lawr o flaen y llwyfan, ar y chwith, mae wheelie bin dwbwl a bin llai ar ganol y llwyfan. Edwin yn penlinio ac yn esgus morthwylio'r peg olaf i'w le i gyfeiliant cerddoriaeth. Sharon yn eistedd yn polishio ei hewinedd, heb fawr o ddiddordeb yn Edwin. Mae ganddi ddwy falŵn fawr fel bronnau. Edwin yn codi ar ôl gorffen morthwylio'r peg ac yn diffodd y stopwatch ar ei oriawr. Mae'n gwenu.

EDWIN: Dau ddeg tri munud, pedwar deg chwech eiliad! Ddim yn bad o gwbwl, Sharon – i feddwl mai dyma'r tro cynta' imi ei cha'l hi fyny!

Edwin yn codi mat bach y bu'n penlinio arno ar y gwair ac yn ei lapio'n daclus. Sharon yn edrych i'r nefoedd.

SHARON: Deg munud fase fo 'di gymryd i ddad-bacio cês mewn hotel yn Majorca!

EDWIN: 'Den ni 'di bod yn Majorca hen ddigon o weithie, cariad. 'Den ni'n ca'l gwylie bach gwahanol leni.

SHARON: Ych â fi! Taswn i i **fod** i gysgu ynghanol cae, mi fase genna' i bedair coes a faswn i'n brefu! Dwi'n mynd i'r tŷ bach.

Sharon yn codi ac yn mynd i mewn i'r portaloo. Ymhen ychydig clywir sgrech hir.

EDWIN: Wwwww! Sharon! Ydech chi'n iawn?

SHARON: Nachdw! Lle ma'r Porta Potti?

EDWIN: W, sori! Mae o'n dal yn y car! Ydech chi 'di dechre gneud?

SHARON: Do!

EDWIN: Wel, fedrwch chi stopio ar y canol?

SHARON: Jyst cerwch i'w 'nôl o, reit handi!

Edwin yn mynd oddi ar y llwyfan. Jo y Tramp yn dod i'r llwyfan ac yn chwilio a chwalu yn y bin bach gan wneud sŵn a thaflu papurau i bobman. Mae'n tynnu hen focs pizza allan ac yn ei agor yn awchus cyn tynnu clwt babi budur allan ohono. Yn mae'n estyn darn o'r pizza ac yn cymryd tamaid, cyn ei boeri allan.

JO: Ych â fi! Pineapple!

Jo'n taflu'r bocs pizza'n ôl i'r bin.

SHARON: Edwin? Chi sy' 'ne?

JO: (yn gwneud llais dwfn rhywiol) Nage.

SHARON: Pwy sy' 'ne, 'te?

JO: Gesiwch!

SHARON: Does genna' i ddim syniad, siŵr!

JO: Meddyliwch am ddyn tal, soffistigedig a golygus.

SHARON: *(Defnyddier enw rhywun lleol) .... ?

JO: Tal, soffistigedig a golygus ddudes i!

SHARON: Ydech chi'n foi ffit?

JO: Ffit i unrhyw beth! Fi 'di fitness instructor y camp 'ma.

SHARON: Www! Dwi'n licio dynion fel 'ne! Dowch i mi ga'l golwg arnoch chi!

Sharon yn popio ei phen allan o'r portaloo ac yn cael braw o weld Jo'n sefyll o'i blaen.

SHARON: Aaaaa! Heglwch hi'r mochyn!

Jo yn mynd. Edwin yn dod yn ôl efo Porta Potti ac yn mynd at y babell portaloo. Mae'n troi ffwrdd wrth estyn y Porta Potti i mewn i'r babell.

EDWIN: Dyma chi, Sharon! Wna' i ddim sbïo!

Edwin yn dal ei law mewn yn y babell ac yn cynhyrfu braidd wrth deimlo rhywbeth tu mewn.

EDWIN: Wwww! Eich pen ôl chi 'di hwnne, cariad?

Sŵn slap galed ac Edwin yn tynnu ei law allan yn sydyn.

EDWIN: Aw!

SHARON: Lle ma'r papur?

Edwin yn estyn rholyn o bapur toilet o focs ac yn torri dau ddarn i ffwrdd ac yn eu hestyn i mewn i'r babell portaloo.

SHARON: (gweiddi) Dim ond dau ddarn dwi'n ga'l?!!!

EDWIN: Ia. Ma'n rhaid i ni fod yn ddarbodus – does 'ne ddim siop o fewn milltiroedd i'r lle 'ma!

Llaw Sharon yn estyn allan o'r portaloo ac yn cipio'r rholyn oddi ar Edwin.

SHARON: Dowch â fo yma, ddyn.

Edwin yn dechrau brwsio o flaen y babell. Cyn bo hir, pen Sharon yn ymddangos o'r portaloo ac mae'n dod allan. Mae'n baglu ar un o gyrts y babell ac yn pwyso ar y babell wrth ddisgyn. Sgrech gan Sharon. (Bydd ei bronnau mawr wedi symud wrth iddi gael codwm fel eu bod braidd yn sgi-wiff.) Edwin yn rhuthro ati, ond mae ganddo fwy o ddiddordeb yn y babell.

EDWIN: Ew, dene lwcus. Mi fase pethe 'di gallu bod yn ddifrifol iawn rŵan.

SHARON: Base – faswn i 'di gallu torri 'nghoes.

EDWIN: Meddwl am y babell o'n i! Tase'r polion 'ma'n rhai metal, mi fasen nhw 'di plygu.

Sharon yn codi, mewn hwyliau drwg erbyn hyn ac yn sylweddoli bod ei bronnau'n sgi-wiff. Un i fyny dan ei gên a'r llall i lawr wrth ei bol.

SHARON: Sbiwch golwg ar 'y mŵbs i!

Edwin yn cychwyn helpu Sharon i sythu ei bronnau ond hi'n ei slapio i ffwrdd.

SHARON: Cadwch 'ych dwylo i chi'ch hun! Lle a'th yr hen dramp 'ne?

EDWIN: Pa dramp?

SHARON: Ma' 'ne hen ddyn drewllyd yn crwydro o gwmpas y lle 'ma. Mae o 'fath â hwrdd mynydd ar Viagra.

EDWIN: Anwybyddwch o.

SHARON: Fedra' i ddim. Mae o'n codi ofn arna' i – o'dd 'i lyg'id o ymhobman! (yn esgus bod yn glên efo Edwin) 'Newch chi ffonio gwesty, plis – 'fedra' i ddim aros yn fan 'ma!

EDWIN: Gwrandwch, Sharon, dwi isio d'eud rwbeth pwysig wrthoch chi.

SHARON: Be'?

EDWIN: Y prif reswm 'den ni 'di gorfod dod ar wylie fel hyn 'leni ydi na fedrwn ni ddim fforddio unrhyw fath arall o wylie.

SHARON: Be' 'dech chi'n fwydro – methu fforddio? Ma' gynnoch chi saith mil yn y Bradford and Bingley, tair mil a hanner yn yr Halifax, pum mil yn yr HSBC – a dwy bunt pum deg pedwar yn 'ych poced rŵan!

EDWIN: Nag oes. 'Sgenai ddim ceiniog goch i'n enw.

SHARON: Sut hynny?

EDWIN: 'Dech chi 'di gwario 'mhres i i gyd ar plastic surgery.

SHARON: Naddo, siŵr!

EDWIN: Do. Saith mil ar bŵb job, tair mil a hanner am sugno saim oddi ar 'ych bol, a pum mil am ben-ôl newydd. A tydw i ddim hyd yn oed yn ca'l twtsiad ynddo fo!

SHARON: (yn gwenu'n ffals) Dwi'n werth o dydw!

EDWIN: Yndech, cariad, ond fedrwn ni ddim fforddio mynd i aros i westy dim mwy. Ma'n rhaid i ni aros yn fan 'ma.

SHARON: (blin) Dowch efo fi i 'nôl 'y nillad o'r car, 'te – rhag ofn bod yr hen dramp 'ne'n dal o gwmpas.

Sharon yn gwthio Edwin oddi ar y llwyfan. Ar ôl ychydig daw Morus i'r llwyfan ac edrych o gwmpas.

MORUS: Duwcs, 'neith fan 'ma iawn. Ty'd yn dy flaen, ddynes!

Nora'n dod i'r llwyfan yn drymlwythog o baciau gan gynnwys pabell a dwy gadair blygu. Mae hi'n gwisgo sbectol pot jam ac mae tipyn o olwg arni.

NORA: Pam ti 'di dewis fan 'ma, Morus?

MORUS: Yli. (pwyntio at y portaloo) Does 'ne doilet reit yn ymyl, yn does? Handi iawn yn ganol nos.

Morus yn rhoi ei ben i mewn yn y portaloo. Mae'n dod allan efo'r rholyn papur toilet

MORUS: Ew, a papur ynddo fo, 'fyd. Ddudes i bo' ni 'di dod i le da'n do? Reit, estyn 'y 'nghadair imi rŵan.

Morus yn troi ei gefn ar Nora ac yn sticio ei ben ôl allan yn barod i eistedd. Nora'n gollwng ei phaciau ac yn agor cadair ac yn ei dal i Morus eistedd arni jest mewn pryd.

NORA: Dene ti. Ti 'di blino do, ngwas i?

MORUS: Do.

Morus yn dal ei law allan a Nora'n agor papur newydd iddo ei ddarllen. Nora'n agor cadair arall ac ar fin eistedd arni pan yw Morus yn edrych dros ei bapur.

MORUS: Be' ti'n feddwl ti'n 'neud?

NORA: Iste' lawr.

MORUS: Ddim cader i ti 'iste arni ydi honne, siŵr iawn!

NORA: Be' ydi hi, 'te?

MORUS: Wel cader i mi roi 'nhraed arni! Pasia hi yma.

Nora'n pasio'r gadair i Morus ac yntau'n rhoi ei draed i fyny arni.

MORUS: Rŵan, tân dani a coda'r dent 'ne.

Nora'n estyn y babell ac yn ei gosod ar lawr. Mae'n dechrau pegio efo mwrthwl. Mae'n taro ei bawd efo'r morthwyl.

NORA: Awwwww!

MORUS: Nefi wen, ddynes, fedri di 'neud llai o sŵn?

NORA: Sori, ond dwi'm yn gweld yn dda iawn, sdi. Fedri di helpu 'chydig arna' i?

MORUS: Fedrwch chi ferched 'neud dim byd ar 'ych penne'ch hunen, na fedrwch. Ty'd yma!

Nora'n dod at Morus ar ei phengliniau. Morus yn tynnu ei sbectol ac yn ei glanhau efo'i hances boced fudur cyn ei gosod yn ôl ar drwyn Nora.

MORUS: Ydi hynne'n help?

Nora'n craffu drwy'r sbectol.

NORA: Yndi, diolch i ti, Morus.

Nora'n mynd yn ei hôl i geisio gosod y babell. Ffôn Morus yn canu. Tra bydd o'n siarad ar y ffôn, bydd Nora'n stryffaglio yn y cefndir i osod y babell.

MORUS: Helo?... Mam! (yn panicio braidd) ... Do, dwi'di cyrredd yn saff... Yndi, lle bach neis – toilet yn ymyl a bob peth... Yndw, wrthi'n codi'r dent rŵan... (yn edrych ar Nora) Yndi, ma' hi'n mynd i fyny'n reit ddidrafferth... Na, does 'ne neb efo fi, Mam, nag oes wir... Ar 'y mhen 'yn hun bach ydw i...

Golau'n diffodd. Yn y tywyllwch, rhoddir pabell wedi ei gosod i fyny'n barod ar y llwyfan. Golau'n codi. Morus yn dal i siarad ar y ffôn.

MORUS: Ia, iawn, Mam... Ta-ta rŵan... Ia, mi ffonia' i i ddeud 'Nos da'.

Morus yn diffodd y ffôn ac yn troi at Nora, sy'n edrych wedi ymlâdd a'i hanadl yn fyr.

MORUS: Ydi hi ddim yn amser i ti ddechreu g'neud swper, dwed?

Nora mewn trafferth yn siarad gan fod ei gwynt yn fyr.

NORA: Cofia – cofia – bo'fi'n – bo'fi'n – asthmatig!

MORUS: Asthmatig, wir! PATHetig wyt ti!

Morus yn estyn pwmp asthma o'i boced ac yn rhoi dau shot yng nheg Nora.

MORUS: Mi ddyle hynne dy gadw di fynd nes byddi di 'di gorffen gneud swper a golchi llestri. Reit, dwi'n mynd am wagied.

Morus yn mynd i'r portaloo. Nora'n estyn amrywiol bethau o'r paciau ac yn mynd â nhw i mewn i'r babell (ei phen ôl yn sticio allan o'r babell). Jo'n dod yn ôl i'r llwyfan ac yn ail-ddechrau chwilio yn y bin. Nora'n clywed sŵn.

NORA: Helo? Oes 'ne rywun yne?

JO: Oes. Gesiwch pwy sy' 'ma!

NORA: Does genna' i ddim syniad. Dowch â cliw i mi.

JO: Meddyliwch am ddyn tal, soffistigedig a golygus.

NORA: Ym… *(Defnyddier enw rhywun lleol)* ?
JO: Nage, siŵr! Ddudwn i 'ych bod chi angen sbectol!

NORA: Ar 'ych gwylie yma ydech chi?

Jo'n troi i ffwrdd oddi wrth Nora.

JO: Nage. Fi 'di Fitness Instructor y camp ma. Dwi'n edrych 'mlaen i'ch gweld chi mewn lycra shorts a skimpy top!

Nora wedi dod allan o'r babell erbyn hyn ac mae Jo'n troi i edrych arni ac yn cael coblyn o fraw.

JO: Aaaaa! Anghofiwch am y shorts a'r top. Dowch mewn cot fawr – a bag dros 'ych pen!

Jo yn dianc am ei fywyd. Ar ôl ychydig, daw Sharon yn ôl. Mae'n edrych ar Nora mewn syndod.

SHARON: Helo?

Nora'n cael braw ac yn edrych i'r cyfeiriad hollol groes i Sharon.

NORA: E?

SHARON: Pwy 'dech chi?

Nora'n troi rownd i wynebu Sharon.

NORA: O, fan 'ne 'dech chi! Nora ydi'r enw.

SHARON: Sharon. Ydech chi'n aros yn y camp 'ma?

NORA: Yndw – yn y babell 'ma. Fi a'r cariad, ynde.

SHARON: (yn anghrediniol) Cariad?

NORA: Ia. Morus. 'Den ni'n canlyn ers bron i bum mlynedd ar hugain rŵan.

SHARON: Twenty five? Sut 'dech chi 'di sticio efo fo mor hir, 'dwch? Faswn i ddim yn aros efo'r un boi am gymaint â hynne onibai bod gynno fo fanc balans go sylweddol!

NORA: O, ma' gen Morus gelc golew, 'chi.

Sharon yn cymryd tipyn mwy o ddiddordeb.

SHARON: Dyw, oes?

NORA: Oes.

Sharon yn rhwbio ei dwylo yn ei gilydd.

SHARON: Ww, dwi'n edrych 'mlaen i'w gyfarfod o!

NORA: Peidiwch â chymryd arnoch bo' chi'n gwbod, ond dwi'n ame 'i fod o 'di dod â fi ar y gwylie 'ma i ofyn rwbeth sbesial iawn imi.

SHARON: O? Be' felly?

NORA: Gofyn imi briodi o!

SHARON: 'Dech chi 'di aros yn hir iawn iddo fo bopio'r cwestiwn, yn do?

NORA: Do, ond dene fo, 'does 'ne neb arall 'di gofyn imi.

Sharon yn edrych i fyny ac i lawr ar yr olwg sy' ar Nora.

SHARON: (coeglyd) 'Sgwn i pam?!

NORA: Ia, mi fydda' i'n gofyn hynne i mi fy hun yn amal. Dwi'n gallu cwcio, llnau tŷ a smwddio gystal ag unrhyw un o aelode'r WI.

SHARON: Ond sut un ydech chi yn y bedroom department? Dene sy'n bwysig i lot o ddynion.

NORA: Sbot on. Dwi'n newid dillad 'i wely o unwaith yr wsnos a hwfro ddwywaith. Feder o ddim cwyno am hynny. A bob nos Sadwrn, dwi'n rhoi sbesial treat iddo fo.

SHARON: Ww, ia? Dudwch fwy.

NORA: Dwi'n torri gwinedd 'i draed o!

Sharon yn cyfogi.

NORA: 'Dech chi 'di priodi?

SHARON: Do. Fwy nag unwaith. Edwin ydi'r (cyfrif ar ei bysedd) … pumed gŵr i mi.

NORA: Argol! Be' 'dech chi'n 'neud efo nhw? 'U bwyta nhw?

SHARON: Nage. Gwagu 'u cownts banc nhw. Yr unig bylj dwi isio'i deimlo yn nhrowsys dyn ydi'i walet o!

Edwin yn dod yn ei ôl efo cês trwm o ddillad Sharon ac yn cael braw o weld y babell arall mor agos at ei un o.

EDWIN: Be' ma'r babell yne'n 'neud yn fan 'ne?

NORA: Fi sy' 'di gosod hi yne.

EDWIN: Ond 'chewch chi ddim ei gosod hi'n fan 'ne! Ma' hi'n rhy agos at ein pabell ni!

NORA: Duwcs, weles i mohoni, cofiwch.

EDWIN: Mae o'n d'eud yn rheolau Cymdeithas Gwersyllwyr Cymru 1983, paragraff tri, cymal dau!

SHARON: O, hisht wir, Edwin! Ma'r blincin gwylie 'ma'n 'y ngneud i'n sâl! Dwi 'di ca'l y 'runs' yn barod.

Sharon yn mynd am y portaloo ac yn agor y drws. Sgrech fawr wrth iddi gamu'n ôl mewn braw. Morus yn dod allan o'r portaloo yn codi ei drowsys. Mae'n edrych ar fronnau Sharon.

MORUS: Nefi wen! Dynes ne' gar ydech chi, 'dwch?

SHARON: Be' 'dech chi'n feddwl?!

MORUS: Ma' gynnoch chi goblyn o bympars, does?

Edwin yn pwyntio bys cyhuddgar at Morus.

EDWIN: Ydech chi'n sylweddoli bod hwnne'n doilet preifat? Does gynnoch chi ddim hawl ei ddefnyddio fo, yn ôl rheolau Cymdeithas Gwersyllwyr Cymru 1983, paragraff cant dau ddeg chwech, cymal saith deg un B. "Dim caca mewn Porta Potti cymdogion."

MORUS: Wel, gei di stwffio dy reole! Nora! Ydi swper yn barod gen ti eto?

Morus yn mynd i eistedd i ddarllen ei bapur a Nora'n bwrw ati i wneud bwyd. Ffôn Sharon yn canu.

SHARON: Helo?... (wedi cynhyrfu'n lân) O, helo, Dr Higginbottom! ... W, do? ... Bydd siŵr, mi fydd wsnos nesa'n champion!... Diolch am ffonio!... Wela' i chi. Twdl-w!

Sharon yn diffodd y ffôn.

SHARON: Dr Higginbottom o'dd yne.

EDWIN: Hwnnw sy'n rhoi'r holl plastic surgery 'ma i chi?

SHARON: Ia, mae o 'di ca'l cancellation wsnos nesa', felly mae o'n mynd i'n ffitio fi mewn am liposuction ar 'y nghlunie'!

EDWIN: A faint ma' hynny'n mynd i gostio?

SHARON: Pedair mil. A mae o'n mynd i sythu 'nhrwyn i a cha'l gwared o'r double chin 'ma a pwmpio silicon i mewn i 'ngwefuse i a 'chydig bach o botox yn 'nhalcen i. Bargen am ddeng mil ar hugien!

EDWIN: O bunnoedd?

SHARON: Ia.

EDWIN: Fydd rhaid i chi ganslo. Fedra' i ddim fforddio talu am liposuction ar 'ych bys bach chi.

SHARON: (mewn sioc) Be'?!! Ond Edwin! Fydd bywyd ddim gwerth ei fyw os na cha' i liposuction wsnos nesa'!

Sharon yn gwneud sŵn crio dramatig.

DIWEDD YR ACT GYNTAF

ACT 2

Y bore canlynol. Blwmars Nora a thong Sharon yn hongian ar lein ddillad tu ôl i'r pebyll. Nora a Morus yn eistedd wrth fwrdd bach yn bwyta brecwast yn dawel. Yn sydyn mae caead y wheelie bin dwbl yn agor a Jo'n codi allan ohono ac yn ymestyn ei freichiau.

JO: Ew, dene'r noson ore o gwsg imi ga'l ers talwm!

Jo'n dringo allan o'r bin ac yn ymlwybro ar y llwyfan ac astudio'r thong ar y lein. Mae'n ei dynnu ffwrdd ac yn ei stwffio i'w boced cyn gwneud ei ffordd yn dawel bach tuag at y portaloo a sleifio i mewn iddo.

NORA: W't ti'n ca'l blas arno fo, Morus?

MORUS: (yn cnoi) Mm.

NORA: Ydi o gystal bwyd â fase dy fam yn 'neud?

MORUS: Mam! Iesgob! Dwi ddim 'di ffonio hi ers dwyawr!

Morus yn estyn ei ffôn ac yn gwneud galwad.

MORUS: Helo, Mam?... Ia, fi sy' 'ma... O ma'i'n mynd yn reit dda yma... (rhoi ei law dros y ffôn a gofyn i Nora) Ydw i 'di ca'l trôns glân bore 'ma?

Nora'n nodio.

MORUS: (ar y ffôn) Do... (wrth Nora) Be' am sane?

Nora'n nodio.

MORUS: ... Do!... Yndw, dwi wrthi'n ca'l brecwest rŵan... (braw) Be'?!... 'Dech chi'n dod draw i 'neud brecwest i mi?... Lle 'dech chi rŵan, lly?... Yn y reception... Nefi blw!...

Morus yn diffodd y ffôn.

NORA: Be' sy'?

MORUS: Cuddia! Cuddia!

NORA: Pam?

MORUS: Ma' Mam ar 'i ffor' yma!

Morus yn gwthio Nora i mewn i'r portaloo. Nora'n sgrechian ac yn dod allan.

MORUS: Cer i mewn! Mi lladdith Mam fi os dalltith hi bo' 'ne ddynes efo fi!

Morus yn gwthio Nora'n ôl i mewn.

MORUS: A dim smic o sŵn!

Wini'n dod i'r llwyfan efo basged bicnic.

WINI: O, dyma ti! Sut w't ti 'ngwashi? 'Sgin ti sws i Mam?

Morus yn edrych rownd i wneud yn siŵr nad oes neb o gwmpas cyn rhoi sws i Wini.

MORUS: O'dd 'ne ddim rhaid i chi ddod yma, 'chi. Dwi 'di g'neud brecwest i mi'n hun.

WINI: Ma'n bwysig bo' ti'n b'yta'n iawn tra ti ffwr'.

Wini'n dechrau tynnu padell ffrio ac ati o'r fasged. Tra bydd hi'n gwneud hynny, gwelir Nora'n dianc o'r portaloo ond Jo'n ei dilyn ac yn ei dal a'i hel yn ôl i mewn ato ac yn cau'r zip. Wini'n sydyn yn sylwi ar y ddau blât ar y bwrdd.

WINI: Pam bo' 'ne **ddau** blât ar y bwrdd 'ma?

MORUS: (mewn braw) E?

WINI: Ma' 'ne **ddau** blât yma! (yn gyhuddgar) W't ti 'di dod â rhywun efo ti ar yr holides 'ma?

MORUS: Naddo, wir, Mam!

WINI: W't ti'n siŵr? W't ti 'di dod â dynes efo ti? Yr hen Nora wirion 'ne?

MORUS: Naddo!

WINI: Dwi 'di deud wrthat ti, mi fedri di 'neud lot yn well na'r bifflen yne!

MORUS: (yn panicio) Wedi – wedi – wedi gwa'dd rhywun draw am frecwest ydw i.

WINI: Pwy?

Morus yn edrych o gwmpas mewn panig. Jo'n cael ei wthio allan o'r portaloo gan Nora a'i ddwylo dros le tyner, fel pe bai Nora wedi rhoi penglin iddo. Morus yn pwyntio at Jo.

MORUS: Ym… y tramp 'cw!

Morus yn mynd at Jo ac yn ei arwain at y bwrdd.

MORUS: Ty'd at y bwrdd 'ma – dwi 'di gneud brecwest i ti.

JO: Be'? I mi? Ew, chware teg i ti!

Jo'n bachu blwmar Nora oddi ar y lein ddillad ac yn ei osod dan ei ên fel serviette ac yn dod i eistedd wrth y bwrdd i sglaffio gweddill y bwyd. Wini bron methu credu ei llygaid.

JO: (wrth Morus) Diawl o foi w't ti, 'de – yn ca'l dwy ddynes i edrych ar dy ôl di.

WINI: Dwy?

JO: Ia – honno o'dd yn cysgu'n y dent 'ma efo fo neithiwr – a chithe rŵan!

Wini'n cael braw. Morus yn chwysu'n ofnadwy.

WINI: (wrth Morus) O'n i'n ame! W't ti di dod â Nora yma efo ti'n dwyt? O'n i'n meddwl 'mod i'n gallu 'i hogleuo hi. Lle ma' hi?

JO: Yn y toilet 'ne o'dd hi.

Jo'n codi'r blwmar.

JO: Ia, ylwch dydi hi fawr o catch – ma' hi'n gadel 'i blwmars yn bob man!

Wini'n cydio ym mrwsh llawr Edwin ac yn mynd o gwmpas y portaloo'n procio efo coes y brwsh. Yn y diwedd mae'n gwthio'r brwsh i mewn a chlywir sgrech hir wrth i Nora ddod allan a'r brwsh yn sownd yn ei phen ôl.

NORA: Helpa fi, Morus!

MORUS: Tendiwch 'ych hunen! Ma' nhw'n canslo'r fferis i Iwerddon pan fydd hon yn gollwng gwynt!

Morus yn rhoi un droed ar ben ôl Nora ac yn tynnu'n gryf i ryddhau'r brwsh.

WINI: Dwi 'di'n siomi ynddat ti, Morus. Dwi 'di edrych ar dy ôl di am dros hanner can mlynedd a dyma sut w't ti'n talu'n ôl i mi! Mynd ar dy wylie'n slei bach efo hon o bawb!

Wini'n rhedeg ar ôl Nora o gwmpas y llwyfan gan ddal y brwsh uwch ei phen. Maent yn mynd o gwmpas y portaloo unwaith neu ddwy cyn i Wini aros yn llonydd a chuddio oddi wrth Nora a'r brwsh yn yr awyr. Daw Edwin allan o'r babell ac yn hytrach na tharo Nora, mae

Wini'n ei daro fo efo'r brwsh ac yntau'n disgyn yn anymwybodol i'r llawr. Neb yn cymryd sylw ohono a Wini'n dal i hannos Nora.

WINI: Dwi'n gwbod mai dim ond ar ôl 'i bres o wyt ti'r jaden!

Sharon wedi dod allan o'r babell erbyn hyn ac yn codi ei chlustiau wrth glywed hyn. Wini'n hel Nora oddi ar y llwyfan. Sharon yn dod at Edwin, ond nid yw'n poeni ei fod yn anymwybodol. Mae'n tynnu ei waled o'i boced ac yn dechrau chwilota drwyddi.

JO: Ew, diolch i ti, wa. Pryd gore dwi 'di ga'l ers talwm.

Jo'n tynnu blwmars Nora o dan ei en ac yn eu defnyddio i sychu ei geg. Morus yn eistedd i ddarllen ei bapur newydd. Jo'n dod draw at Edwin ac yn edrych arno'n gorwedd yn llonydd. Sharon yn edrych drwy bapurau o waled Edwin ac yn edrych yn siomedig iawn.

JO: Dyw, fase ddim yn well i chi roi'r kiss of life iddo fo?

SHARON: (heb dynnu ei llygaid oddi ar y papurau) I be' d'wch? Mae o'n fwy o werth i mi'n farw nag yn fyw.

JO: Be' 'dech chi'n feddwl?

SHARON: 'Does gynno fo ddim ceiniog i'w enw – ond dwi'n meddwl bod gynno fo bolisi Life Insurance go lew!

Jo'n ysgwyd ei ben.

JO: Mi fydd raid i **mi** roi kiss of life iddo fo, 'te.

Jo'n plygu i roi'r kiss of life i Edwin, sy'n dechrau dod ato'i hun, ond gan feddwl mai Sharon sydd yno, mae'n estyn ei freichiau i fyny i gydio amdani heb sylweddoli mai Jo sydd yno.

EDWIN: W, ia… Kiss of life, cariad… Dowch yma…

Edwin yn agor ei lygaid ac yn gweld Jo.

EDWIN: Aaaaaaa!

Edwin yn codi ac yn gwthio Jo i ffwrdd. Jo'n gadael y llwyfan. Edwin yn gweld Sharon efo'i bapurau a'i waled ac yn dod ati.

SHARON: Mae o'n wir, felly? 'Does gynnoch chi ddim pres ar ôl, nagoes?

EDWIN Nag oes – dwi'n dlotach na gweinidog Capel Cefn Nannau! *(* Newidier i enw capel lleol!)*

SHARON: Ma' hynne'n serious ofnadwy!

EDWIN: Be' 'newch chi efo Dr Higginbottom? Canslo'ch appointment wsnos nesa'?

SHARON: Nage wir! Os na fedrwch **chi** dalu am liposuction i mi, mi ffeindia' i ddyn **feder** 'neud!

Sharon yn taro Edwin ar ei ben efo sosban ac yn ei wthio i mewn i'r babell. Sharon yn troi ei golygon at Morus ac mae'n sythu ei bronnau cyn dod ato gan wenu'n ddel.

SHARON: Helo!

MORUS: (heb godi ei ben o'r bapur) Su'ma'i.

SHARON: (yn rhywiol) Oes 'ne unrhyw beth fedra' i 'neud i chi?

MORUS: Fel be', 'dwch?

SHARON: Unrhyw beth. Dudwch chi.

MORUS: Wel, oes, **ma'** 'ne rwbeth, deud y gwir.

SHARON: Www! Be' fasech chi'n licio? Massage ar 'ych cefn? Llyfu bysedd 'ych traed?

MORUS: Nage. Gewch chi 'neud brecwest i mi.

Sharon yn tynnu papur newydd Morus i lawr i siarad efo fo.

SHARON: Ydech chi'n siŵr mai dene'r cwbwl 'dech chi isio imi 'neud, cariad?

Morus yn synnu o weld Sharon ac yn syllu ar ei bronnau.

MORUS: Wel, wrach medrwch chi newid 'y meddwl i, 'de!

Sharon yn cymryd y papur newydd ac yn ei daflu o'r neilltu. Mae'n fflyrtio'n agored efo Morus ac yn eistedd ar ei lin a rhedeg ei llaw i fyny ei glun.

SHARON: Dudwch i mi, Morus, be' ydi seis 'ych … (edrych yn awgrymog) banc balans chi?

MORUS: Dim mwy a dim llai nag unrhyw ddyn arall!

Sharon yn eistedd ar lin Morus.

SHARON: W! Felly 'dech chi'n ca'l cyflog golew, yndech?

MORUS: Yndw.

Daw Wini'n ôl i'r llwyfan. Mae'n cael braw o weld Sharon yn eistedd ar lin Morus.

WINI: Be' goblyn 'dech chi'n feddwl 'dech chi'n 'neud, ddynes?

Morus a Sharon yn troi i weld Wini. Morus yn cael braw ac yn gwthio Sharon i ffwrdd nes ei bod yn glanio'n ddiseremoni ar lawr.

MORUS: Mam!

WINI: Dene hi! Ti 'di g'neud hi rŵan! Ti 'di dod i fan 'ma i hel merched 'n do? Ty'd – ti'n dod adre efo fi'r munud 'ma!

MORUS: Ond be' am Nora?

WINI: Dwi'di d'eud wrth honno lle i fynd. Ty'd! Rargol ti'n lwcus bo' gen ti fi i edrych ar d'ôl di.

Wini'n frogmarchio Morus oddi ar y llwyfan. Sharon yn codi ac yn edrych fel pe bai'r byd ar ben.

SHARON: Lle gebyst dwi'n mynd i ffeindio dyn efo digon o bres cyn wsnos nesa'?

Sharon yn eistedd yn ddigalon ac yn bwyta siocledi. Jo'n dod yn ôl i'r llwyfan ac yn dechrau chwalu trwy'r bin bach am sbarion bwyd a diod ac ati. Mae'n tynnu swp o bapurau allan ac yn sylwi ar rywbeth. Mae ei wyneb yn goleuo.

JO: Iesgob! Be' 'di hwn?

Jo'n tynnu tocyn loteri allan o'r bin.

JO: Tocyn Loteri! Hei! Wrach bo' hwn yn werth pres mawr!

SHARON: Stopiwch weiddi, ddyn! 'Dech chi ddim yn gweld 'mod i'n ypset?

Jo'n estyn papur newydd Morus i Sharon.

JO: Darllenwch y rhife Loteri allan i mi tsiecio hwn.

Sharon yn agor y papur newydd.

JO: (yn canu) If I were a rich man , dy dy dy dy dy dy dy dy dy dy dy dy dy

SHARON: Reit, dyma nhw. Un deg saith….

JO: Ia…

SHARON: Pump…

JO: Ia…

SHARON: Dau ddeg chwech…

JO: (yn cynhyrfu) Ia…

SHARON: Un…

JO: Ia…

SHARON: W! 'Run seis a 'mra i – forty eight!

JO: Ia…

SHARON: A pedwar deg naw…

Jo'n cynhyrfu'n lân ac yn dechrau dawnsio mewn llawenydd.

JO: Dwi 'di ennill! Dwi 'di ennill!

Sharon yn taflu'r papur newydd.

SHARON: 'Dech chi 'di ennill? Wir?

JO: Do!

Sharon yn codi i ddawnsio efo Jo. Mae'n ei gofleidio.

SHARON: O, cariad! Dwi 'di'ch ffansio chi ers yr eiliad 'naethon ni gyrraedd yma! Dowch, lle gawn ni fynd am snog bach?

JO: (wedi cynhyrfu) Ew, wyddoch chi be'? Ma' genna' i ffetish am doilets 'rioed.

Jo a Sharon yn mynd i mewn i'r portaloo. I gyfeiliant cerddoriaeth, mae'r portaloo'n dechrau symud ar hyd y llwyfan a breichiau a choesau'n sticio allan trwy'r canfas bob hyn a hyn. Mae'n troi mewn cylch ac yn ysgwyd cyn dod i stop. Ail-ddechrau ysgwyd am ychydig eto ond o'r diwedd mae'n dod i stop derfynol.

Ar ôl ychydig, daw Edwin allan o'i babell gan edrych yn ddigalon iawn. Mae'n dechrau cadw ei offer gwersylla. Daw Nora i mewn.

NORA: Edwin? Pam bo' chi'n cadw'ch pethe?

EDWIN: Dwi'n mynd adre'. Ma' Sharon 'di 'ngadel i.

NORA: Tewch!

Nora'n dechrau helpu Edwin i gadw ei bethau.

NORA: Ma' Morus 'di mynd adre' hebdda' inne, 'fyd. Beryg' bo' raid i mi dderbyn mai hen ferch fydda' i bellach.

EDWIN: Peidiwch â siarad fel 'ne.

NORA: Pwy sy' isio dynes sy'n edrych 'fath â fi, 'dwch?

EDWIN: Dwi'n siŵr 'ych bod chi'n reit ddel – o dan y sbectol 'ne.

Edwin yn tynnu sbectol Nora i ffwrdd. Y ddau'n edrych ar ei gilydd ac yn synnu.

NORA: Wwww! 'Dech chithe'n dipyn o bishyn, 'fyd! Dwi ddim yn meddwl bod y Sharon 'ne'n 'ych gwerthfawrogi chi.

EDWIN: A doedd y Morus 'ne'n bendant ddim yn 'ych gwerthfawrogi chi.

Nora'n plygu lawr i godi ei chap. Edwin yn syllu ar ei phen ôl.

EDWIN: Ga' i ofyn cwestiwn personol i chi, Nora?

NORA: Dibynnu be' ydi o.

EDWIN: Ai'ch pen ôl chi'ch hun ydi hwnne?

NORA: Wel, dydi o ddim yn ben ôl i neb arall nachdi?

EDWIN: Na, na. Be' dwi'n feddwl ydi – does 'ne ddim plastig ynddo fo o gwbwl?

NORA: Y peth agosa' at blastig yn yr ardal yne ydi'r lastig ar 'y mlwmars i!

Edwin yn cynhyrfu.

EDWIN: A be am 'ych – 'dech chi'n gwbod – 'ych –

Edwin yn dal ei ddwylo o flaen bronnau Nora.

EDWIN: Oes 'ne silicon yn rheine?

NORA: Bobol annwyl, nag oes, siŵr.

EDWIN: A 'dech chi 'rioed 'di ca'l liposuction?

NORA: Liposuction? Be''di hwnnw? Sws wlyb?

Edwin wedi gwironi.

EDWIN: Oes gynnoch chi cellulite?

NORA: Ma' genna' i sellotape – ydi hwnnw'n dda i rwbeth i chi?

EDWIN: O, Nora! 'Dech chi'n ddynes gwbwl naturiol! Dim silicon na botox nag implant yn agos atoch chi!

NORA: Nowt taken out a nowt put in, fel ma' nhw'n ddeud!

EDWIN: 'Dech chi'n swnio fel dynes berffaith! Nora, mi fasech chi'n 'y ngneud i'n ddyn hapus iawn tasech chi'n cytuno i ddod adre' efo fi. Be''dech chi'n dd'eud?

NORA: Ew, dene'r cynnig gore dwi 'di ga'l ers talwm iawn!

Nora ac Edwin yn disgyn i freichiau ei gilydd.

EDWIN: Dowch!

NORA: Ond be' am y babell?

EDWIN: Mi geith Cymdeithas Gwersyllwyr Cymru fynd i ganu! Ma' genna' i le llawer iawn gwell na honne i chi!

Edwin a Nora'n mynd. Jo a Sharon yn dod allan o'r potaloo. Bronnau Sharon yn gam eto a Jo'n dod allan ar ei liniau'n fyr o wynt ac yn edrych yn ddyn hapus iawn a'i lygaid yn groes a'i dafod allan.

SHARON: 'Naethoch chi fwynhau, Jo?

JO: Wrth y modd.

Jo'n sylwi ar fronnau Sharon.

JO: Dwi ddim yn meddwl bod rheine i fod cweit fel 'ne, 'chwaith.

SHARON: Peidiwch â phoeni dim, cariad. Mi fyddan nhw'n iawn ar ôl bod yn gweld Dr Higginbottom wsnos nesa'. Rŵan, 'te, fase'n well i ni fynd i nôl 'ych winnings Loteri chi?

JO: Ew, ia. Do'dd hi'n lwcus i mi ffeindio'r tocyn 'ma, 'dwch?

SHARON: Wel, mi o'dd hi'n lwcus iawn i mi! Faint yn union 'dech chi 'di ennill, 'lly?

JO: Ffortiwn fach, Sharon! Ffortiwn!

SHARON: (yn ddiamynedd) Faint?

JO: Tri rhif yn gywir – decpunt!

Sharon yn cael siom fawr.

SHARON: Be'?

Jo'n mynd i gydio yn Sharon ac yn cau ei lygaid a'i geg yn barod am gusan.

JO: Sut ma'i dallt hi am repeat performance cyn bo' ni'n mynd?

SHARON: Ych â fi! Cerwch o 'ma!

Sharon yn gwthio Jo i ffwrdd nes ei fod yn glanio yn y wheelie bin dwbl a'r caead yn cau'n glep arno. Edwin yn dod yn ôl i'r llwyfan i nôl allweddi'r car o'r babell.

SHARON: Edwin! O, dwi mor falch o'ch gweld chi!

EDWIN: 'Does genna' i ddim ond un peth i'w ddeud wrthoch chi, Sharon.

SHARON: Be'?

EDWIN: Gobeithio bod Dr Higginbottom yn gallu trwsio pyncjiars!

Edwin yn rhoi pin ym mronnau Sharon ac maent yn byrstio. Edwin yn mynd. Sharon yn sgrechian dros y lle ac yn rhedeg i ffwrdd oddi ar y llwyfan.

Y DIWEDD